AF276998

Luciérnagas en Manhattan

Pilar Muñoz Aguilar

Luciérnagas en Manhattan

Trifaldi
2025

©Pilar Muñoz Aguilar, 2025

© De esta 1ª edición, Abril 2025

Trifaldi-Producciones Multimedia S. L. (Madrid)

http://www.trifaldi.es

© Diseño colección y portada

Trifaldi-Producciones Multimedia S. L

Imagen de portada, María Pizarro.

ISBN: 978-84-128175-8-4

Depósito Legal: M-3764-2025

Impresión y encuadernación

Estilo Estugraf Impresores S.L.

A Alberto Manuel, Natalia y Alberto; alegres timoneles
de esta, nuestra espléndida aventura..

Luciérnagas en MANHATTAN

LA VOLUNTAD DE LAS HOJAS

ADELFAS

Una lengua de luz lame mis hombros
en esta tarde de tejados ebrios
y sordas sirenas,
en que me siento a repasar
el discurso esquemático del tiempo,
su temblor que subraya,
en la distancia,
el turbio resplandor de las adelfas.

BRISAS

En la mirilla beige de la memoria,
engarzamos sin prisa nuestros juegos de
gorriones tímidos, celestes.
Como canciones, las nubes languidecen,
con la resurrección
de los arbustos de la niñez;
cuando las risas eran hojaldre
y el sol nos incitaba
pudoroso al placer de la brisa en los almendros.

NOCHE

Me duele la noche
en su larga incógnita de pétalos
mordidos por las sombras.
Comprimo la respiración en una pausa
de angulosas formas.
Lejos de aquí, la luz
se debate en melancólicas crestas de urgentes
y dulces amaneceres.

OSCURIDAD

Hoy muere un poco más la noche.
Los pájaros sus nanas silenciaron.
El cristal suave y gris
de la ventana
nos mantiene al socaire de este frío.
El invierno va imponiendo su inocencia
en la mudez gloriosa de las calles
y el gélido gemido
de las hojas
anuda la esperanza cenital al vientre
oblicuo de diciembre.

UNA TAZA DE TÉ

Los días se disuelven somnolientos en mi taza
de té, encapotando despacio
los destellos y la lluvia
en la mirada peregrina de las aves. Mi pecho ansía
ahora detenerlos,
pero se escapan y diluyen como arena
entre las manos gélidas de un niño. Un instante
después,
el cielo muta
y la tristeza me ronda,
como un enjambre azul de nubes inquietas.

ROPA TENDIDA

Tiendo la ropa, sin prisas,
asumiendo la amable calidez
de sus tiernas hechuras,
su perfume.
En mis dedos tiemblan como azogue
las formas diminutas,
evanescentes,
que el tiempo muda
en la insistencia
de las horas. Una brizna
de tristeza se desgaja y humedece el
horizonte
ebrio de auroras.

EN LA ORILLA

Aquí, sentada,
me visitan efluvios
de algas y un olor húmedo
a pasado. En mis ojos,
las conchas escriben
su porvenir
de arenas infinitas.

ANOCHECER

En la planicie de un anochecer
temprano
siento el espacio tan
vacío como un gris y antiguo
desván lleno de ausencias.
El laurel brilla bajo la luz ambigua
de otra farola.
Alguien ha olvidado su sonrisa
en el trayecto
de una música solemne.

LIMONES

¡Qué pronto se han secado las mimosas
en el árbol del patio atormentado!
Ayer, mis ojos festejaban
sus diminutas borlas de limón.
La reja de la ventana por donde miro
también se desangra en óxido,
precipitándose en estalactitas
por la doliente cal del edificio.
Me interpela el tiempo a través del color
y las formas.
Me asoma a la insaciable
voracidad de los minutos
en un desmayo
mágico y continuo.

MÁRGENES

El rumor especiado del recuerdo
cava esta tarde mineral de ojos de buey
y luces marineras.
Las sonrisas impostadas
se esfumaron.
Yo me he quedado a
repasar los ampulosos
márgenes
de la distancia que nos separa
de la antigua inocencia.

LIQUIDEZ

Fuera,
ha comenzado a llover.
Las nubes incentivan
la afonía de las horas.
El letargo de las flores
desnuda de colores
esta tarde insípida
en que me hallo,
tan lejos de las olas.

LUCIÉRNAGAS EN MANHATTAN

SMOKE JAZZ CLUB (HARLEM)

Anduvimos longitudinales calles
de un tablero de ajedrez y sus cuerdas,
siguiendo el rastro profundo
del swing amarillo en el aire.
Reverberaba a nuestros pies
el ronquido neurótico, glacial, de la
gran manzana mientras volábamos
en la sorda orientación
de unas notas felices.

CENTRAL PARK

Cuando el cansancio nos
depositó en un banco, las
luciérnagas iluminaron los
arbustos anochecidos de
una ciudad extrema
de luces y precipicios,
para hacernos dudar
de la imponente verticalidad
de nuestros ojos y mostrarnos
la mágica virtud de lo sensible.

SUBWAY

Paseo con mi ánimo adherido
al frenético subsuelo
de edificios largos e inverosímiles,
como esbeltos cipreses.
A cada paso,
siento el agudo cansancio
de hombres de café
y denso olvido,
que arrastran a un banco mugriento
la solidez quebradiza de sus sueños.

LA SÉPTIMA AVENIDA

Los pies negros de la noche
deambulan por el alma somnolienta
de la séptima avenida.
Me he cruzado con hombres
desahuciados que arrojan sueños al
hormigón sombrío del ocaso.

Sobre sus cabezas flamean aún
las luces persistentes de la ciudad
que nunca duerme,
en el desvelo obstinado e insistente
del hambre.

SOBRE EL HUDSON

El sol se interpone entre mis ojos
y la untuosa quietud del mes de julio.
El cielo siluetea orondas gaviotas,
humildes gorriones.
En el ancho humedal de mi retina,
el vapor del agua deshilacha nubes
cansadas, lánguidas e histriónicas.

LA BURBUJA

(Turtle Pond, Central Park)

Mi pelo amortigua la melódica
caída de las hojas
en el descenso de la luz
entre los árboles.
Dentro del parque,
la ciudad enmudece.
En una bola de cristal
nos fundimos con los árboles
y la prestancia cristalina
de los estanques,
donde se anclan las urgencias
y el zumbido tóxico,
febril, de la arrogancia.

EL TORO (WALL ST.)

Desde esta humana
estatura,
miro al toro
de Walt Street.
La fornida e insultante musculatura
de cobre, me estremece.
Unos metros más tarde, un hombre negro
deposita su desaliento,
sus ropas oscuras y su magro cuerpo
de ángel caído en la inhóspita alfombra
de tan insigne opulencia.

RASCACIELOS

La altura de los edificios
amenaza la cordura
de los árboles,
el equilibrio sensorial
de los sueños,
la esencia original
de una mirada.
En acordes paralelos,
suena el lamento
persistente del subsuelo
bajo el mapa horizontal
de la ciudad descalza.

CEGUERA
(5th Ave)

La opulencia de luz
anestesia mis ojos,
en el balcón
de una península
al sur de los mares.
Anegan la visión febril del vértigo,
los vértices ingrávidos,
las cumbres angulosas
de los edificios, que marcan
ciegos un estrecho límite
al cielo tan sumiso, arrodillado.

COLAPSO (RIVERSIDE STREET)

Cruzo, a menudo, esta intersección
de calles rectangulares, frías.
A menudo veo siluetas humanas
acodadas en la boca umbría
e indiferente del metro.
Cargan la huella en la piel oscura
e indeleble de su origen.
De repente,
el cielo se ofusca,
sobre sus hombros
caen los escombros,
desnudos de Edén.

ATARDECER

Me deleito en la arquitectura
de las nubes,
en el tejido vaporoso
de un cielo
en calma, pájaros que se recogen
en las copas de los árboles,
en el silencio de un anochecer
de luces que tiemblan
sobre los edificios
bostezando.

En el MET

En aquella tarde de calor húmedo
y cálidas gotas de olvido,
entramos en un fascículo
desplegable del mundo:
The smiling figure,
diminuta figurilla humana,
nos invita a dudar
de la imperturbable seriedad
de la existencia.

EAST RIVER

Parabólica bifurcación
del río en "Y"; te contemplo
desde los ojos de la libertad,
que sostienen el magnífico escenario
soberbio e irreal
de suntuosos rascacielos,
que se erigen
como soberbios faraones,
mientras perecen los hombres,
las aves,
los peces, las hojas…

EN LA DISTANCIA

Como no soy de aquí,
me acostumbro a buscar
similitudes en los párrafos del cielo,
en los ángulos perfectos de la noche,
en un sueño de facciones dramáticas.
Escucho el pavoroso lamento
del Fantasma de la Ópera
que atraviesa Broadway,
en dirección al río.
Busco similitudes en los árboles
atornillados en las aceras,
ralos de hojas,
y en los pájaros roncos del embarcadero,
donde el bullicio de los turistas
y su cóctel de idiomas,
entumecen la cavernosa
llamada de los barcos.

Me abandono en un banco
y siento la inquietud de la
distancia entre mis pies.

LOS ÁLAMOS DE CÁNCER

ESTE COSTADO DEL OCÉANO

¡Qué extraña sensación de otoño
bajo la sombra madura
de los álamos de Cáncer!
A este costado del Océano,
una ardilla cabriolea
a lo largo de un tronco
fermentado de escalas.
A su sombra,
unos niños juegan inmersos
en la lírica atmósfera
de sus risas de hinojos.

LOS ALMENDROS

He saboreado la tristeza líquida
de las hojas caducas,
el amargo silencio
de cárdenos atardeceres de invierno
para dejarme acontecer
en el auge
amanecido
de los almendros en flor.

NUBES

En las agrietadas nubes
de noviembre
deposito los tilos encendidos
de mis sueños.
En el amable escaparate
de las hojas desvaídas,
tras la ventana
y el tembloroso aleteo del aire,
susurra ahora la elegante
y sublime transparencia del agua.

ASCENSIÓN

Paseo por el parque,
derramando palabras
y mis ojos en las copas de
los árboles,
sobre las ramas más elevadas
de los arbustos que aspiran
al cielo y me transportan
a ese mar invertido
al que se eleva
el olor tardío de las aloysias.

ALUMBRAMIENTO

Un suspiro de otoño barre
la luz vaporosa, que aún
se entretiene en los albinos
recodos del estío.
Las primeras aguas
destiñen perezosamente
los colores del ayer.
Volveré, de nuevo,
a pisar el barro
donde las hojas desfallecen
en un fértil sacrificio
de horizontes nuevos.

EL RIACHUELO

Las hojas desfilaban
por el riachuelo de temblorosas aguas.
Corrían nuestros ojos
por el amplio margen de las violetas
que desembocan
en el horizonte añil de la inocencia.

LA GARCILLA

De nuevo aquí,
esa garcilla blanca,
que, de vez en cuando,
pasea solitaria
en la minúscula isleta
de las tres palmeras,
junto al semáforo.
La observo con el temblor
de una incógnita,
tan lejos del río.
Ha elegido un oasis artificial, en medio del
tráfico.
Se me antoja frágil,
al tiempo que agradezco
su serena elegancia,
la arriesgada libertad,
de su apuesta inquietante.

PLUMAS

He visto plumas en la arena,
como hojas caducas.
Se desprendieron del viento
al amanecer de un día
sediento de alas.

ESTROFA

Me enredo en las hebras amarillas
de la historia.
El álbum de las mariposas late
en el altillo de un paisaje exótico, el
repiqueteo dócil de la lluvia adormece
a los gráciles gorriones sumergidos en
las hojas de la tarde. En el patio
de luces, una copla quiebra el silencio
mustio del otoño.
El registro del viento me traslada
al entorno de una estrofa
recordada.

CUATRO DE ABRIL

La ciudad yace sobre el silencio angosto
de sus raíces.
Mujeres, niños, hombres
adaptan sus pasos
al estrecho tablero de un hogar
que se cierra a los árboles,
a las frágiles nubes de centeno.
Han comenzado a reverdecer
las hojas en el parque.
La luz templa las ramas desentumecidas
de los arbustos aún casi dormidos;
mis párpados se sumergen mansamente
en la animosa encrucijada
de tímidos reflejos a la espera
de un acorde de jilgueros.

VEINTISÉIS DE MAYO

Percibo la impostura de calles mudas.
ventanas adentro, el hombre,
el despreocupado baile de los pájaros,
el sonido impecable del viento, los edificios preñados
de innumerables murmullos, ojos.
Una densa espera atempera un cielo austero.

LA COLINA

El horizonte es hoy
una masa mentolada de árboles
ascendentes hacia el suave cabezo
de una leve montaña,
donde la luz sensual penetra
los arracimados brazos de pinos
continentales, verde sobre verde
y el pañuelo tímido del cielo como lecho pulido
sin nubes,
donde descanso de mis urgencias
en un delirio apaciguado de orgásmica felicidad.

ADIVINANZA

Hemos rasgado el velo
de sueños adulterados de musgo y estrellas.
Al descubierto quedan
las hojas de un almanaque ebrio de colores
para despistar.
Reconocemos ahora
la estructura orgánica de las nubes y sus recelos, los
entresijos ocultos
de una adivinanza sin clave ni duelo lunar.

EL PENTAGRAMA

¿Cuántas veces hemos rozado la cobriza
superficie de Marte desde este rincón del parque, desde
la décima altura
de un balcón frente al Atlántico -las pupilas dilatadas
en la ciudad de los edificios engominados-
para quedarnos suspendidos,
para siempre,
en el pentagrama de las golondrinas y sus notas de
mar?

PLACIDEZ

Esta placidez que me soborna es incolora,
insípida, sin forma.
El aire dispersa las brumas
con pesada lentitud.
Las guirnaldas del árbol hidratan mis ojos
con el onírico resplandor dc la dicha.

VERSOS

Vengo de las hordas de luz
de una ciudad de arcos imposibles
y esbeltas palmeras.
Vendimio versos,
anudando mi voz a la voluptuosa voluntad
de las violetas.

PALOMAS

Mayo: dos palomas humanizan
el tedioso encuadre de mis ojos;
ladrillos verticales, monótonos,
cítricos.
Un gorrión alegra
el marco sombrío de la tarde,
mientras la luz ronronea
sobre las nervadas hojas del geranio
borrando las últimas ojeras del frío

EL ARBUSTO

Le he dado nombre
a cada una de las hojas de este arbusto,
para hacerlo florecer de su fatiga
de lunas de agosto y arena quemada.

ECLOSIÓN

Contemplo
las mimosas en el patio.
Del fondo,
llegan risas puberales.
El invierno no ha sido
tan frío.
Sin embargo,
aún siento el peso
glacial de sus besos
en el abúlico despertar
de esta mañana de libélulas.

ÍNDICE

LA VOLUNTAD DE LAS HOJAS

LUCIÉRNAGAS EN MANHATTAN

LOS ÁLAMOS DE CÁNCER

*Este libro se terminó de imprimir el día
10 de marzo de 2025 en los
talleres de Estilo Estugraf
Impresores
de Madrid.*